JN408786

천사의 눈물

천사의 눈물

정경완 시집

해 암

| 시인의 말 |

봄 햇살 그리며 시를 썼는데 산과 들에는 벌써 상큼한 가을의 냄새가 풍겨온다. 두 번째 시집 상재 후 몇 년이 지나 그동안 써 놓은 글을 묶으려고 한다. 최근에는 자신의 게으른 삶과 우리 사회의 공동체적인 큰 아픔이 있었다. 나의 미약한 글이 이런 고통을 감당하기엔 너무도 부족함을 느끼고 있다.

풀과 나무들은 있는 그대로 그 모습을 드러내면서 생명의 신비를 꽃피운다고 어느 스님은 말씀하셨다.

하루하루를 긍정적으로 생각하고 살아가면서 이 시대의 아픔을 함께 나누며, 저 이름 없는 여린 풀꽃들과 같이 향기로운 꽃을 피우고 싶다.

2014년 초가을에

정경완

| 차례 |

1부

2부

3부

4부

1부

봄길

이월 햇살 받으며
적막한 산길을 걷는다.
솔 향이 물씬한
대지는 아직 무채색이지만
긴 겨울 혹독한 추위에
몸을 다스리는 초목들이 대견하다.
겨울눈 돋아난 나뭇가지에
햇살 한 줌이 눈이 부시다.
구민의 숲에 들이시니
감미로운 대지의 숨소리 들려온다.
살얼음 깔린 물웅덩이에
황토빛 개구리들이 뛰쳐나와
봄봄, 개골개골,……
일제히 합창을 하고 있다.
훌쩍, 봄이 뛰쳐나오고 있다.

교감交感

아파트 베란다 작은 꽃밭에
모진 겨울을 이겨낸
어린 생명이 태어나고 있다.
군자란, 춘란, 호접란 …….
초봄에 꽃대가 살며시 올라오자
나는 부푼 가슴으로 너를 마중하고 있다.
긴 겨울 새소리와 바람소리도 없는
캄캄한 벽속에서 새 생명을 키우고자
박토薄土에 혀를 박고 뿌리를 다스려
몇 날 며칠 진통을 겪고
꽃망울이 부풀어 오를 때
그 신비로움과 벅찬 감동…….
간밤에 화알짝 핀
호접란이 쥐똥나무와 입맞춤하고 있다.

생명

봄 햇살 받으러 산에 오른다.
진눈깨비는 아직 목련 가지의
겨울눈을 때리고 있다.
마른 나뭇가지의
겨울잠을 깨고 나온
파란 눈동자들이 경이롭다.
긴 겨울 언 땅에
몸을 웅크리며 칼바람에 맞선
초목들이 대견하다.
봄 햇살 한 줌이 대지에 입맞춤한다.
구민의 숲 물웅덩이에는
갓 부화한 올챙이들이
떼 지어 출렁인다.
주말 가족 단위의 등산객들이
양지바른 곳에 앉아
새 봄을 만끽하고 있다.
봄은 나뭇가지와
물웅덩이서부터 왔다.

봄길 2
– 밀양댐에서

천태산 · 재악산 · 가지산이
어우러져 웅혼한 산맥을 이루고
그 아래 푸른 호수가 출렁인다.

숨죽은 대지 위에
봄빛이 완연하여
온 산들이 초록물결로 일어선다.

덕달 · 죽촌 · 사희동 · 고점…
마을의 훈훈한 입김은 사라지고
넓고 푸른 호수에는
아기울음 소리, 닭울음소리 잠겼어라.

망향비望鄕碑에 새겨진
아홉굽이 폭포마다
성난 우레 부딪치는
옛 시인*의 시구만 남아
실향민의 그리움만 자아낸다.

---

*조선시대 문신인 점필재 김종직의 시.

봄길 3
- 관룡사 용선대에서

푸른 봄날 산에 오른다
연두빛 향기 맡으러 산으로 간다.
화왕산자락 옥계천에는
아홉 마리 용이 승천한 산기슭에는
연초록 물결 위에 산초어山椒漁가
희뜩희뜩, 번뜩번뜩
물살을 가르고 있다.
햇길, 일월日月과 바람만이
걸어간 그 길 위에는
우주의 삼라만상이 잠을 깨고
새 생명을 잉태하고 있다.
푸른 하늘의 끝자락
백팔 계단을 오르는
관룡사觀龍寺 용선대龍船臺*에는
잠을 깬 부처가 미소 띤 얼굴로
오욕五慾에 지친
중생衆生을 굽어보고 있다.

---

*용선대 : 석조석가여래좌상이 있음(보물 제295호)

뿌리

하늘과 맞닿은 칠백 고지능선
솟은 바위틈에 너는 몸을
의지하고 살고 있구나.
하늘에는 차가운 별빛
발밑은 천길 단애斷崖.
바위에 뿌리를 내리고 사는
너의 치열한 삶,
즐거운 공생共生.
영하 20도가 넘는
이 차가운 하늘 아래
또 30대 노동자가 목숨을 끊었다.
젊은 가장의 피맺힌 절규,
바위도 나무에게
틈을 주는 데
사람은 사람에게 틈을 주지 않아요.
하산하다 잠시 쉬면서
먼발치에서 너를 바라보며
경배한다 뿌리여!

동래산성에서

이월 잿빛하늘 아래
산에 오르니 매화바람 매서워라.
졸졸졸 계곡 물소리 살갑고
동문 · 북문 오르는 길에 산인들 넘쳐난다.
산성마을 등성이로 걸어가면
연기 모락모락 솟는 주막집,
통나무 불 피어오르는 난롯가에는
아스팔트에 지친 행인들 모여들어
산성 탁주 한 사발루 목을 씻는다.
이국의 민속마을 찾아온
벽안碧眼의 어린 남매
끈으로 허리를 꽁꽁 묶고
칙칙폭폭 기차놀이에 여념이 없다.
신작로 비탈길에 우두커니 서서
긴 겨울을 인내하던
물푸레나무, 느티나무, 굴참나무
간밤에 내린 감로수로 머리를 씻고 나와
세파에 지친 나그네들에게
뽀오얀 봄길을 손짓한다.

천사의 눈물
- 벚꽃 피는 날

꽃샘바람
옹고집처럼 머물다 간
월드컵 동산에도
눈부신 꽃들이 피어났다.

아기천사라 부르랴?
꽃사슴 눈동자라 부르랴?
불면 터질 것 같은 보드레한 살결
먼 하늘의 봄바람 타고 와
하늘하늘 미소 짓는 순백의 천사들.

긴 겨울
칼날 같은 추위에도
맨몸으로 살을 비비며
봄을 잉태한 너의 모습은
어둠에 지친 사람들에게
희망의 등불로 비추어 주었지.

봄 향기 가득한
따스한 봄 햇살 한 줌에
내밀한 설움이 뭉게구름처럼 솟아
왈칵, 흰 눈물을 쏟고 있구나.

꽃댕강나무

나무여, 비탈진 신작로 울타리에
초여름부터 흰 꽃 종을 달고
벌 · 나비를 모으고 있는 너를 본다.
따가운 햇살과 비바람에도
너는 무럭무럭 자라나
연분홍 흰 꽃살을 터트렸다.
등하교길에 종달새처럼
지저귀는 아이들,
무거운 짐을 들고 땀을 흘리며
비탈길을 오르는 사람들,
담배꽁초를 던지는 사람에게도
너의 향기를 뿜어주지만
사람들은 너에게 눈도 맞추지 않고
그냥 지나간다.
찬바람 불고 매서운 한파가 오던 날
두꺼운 옷깃을 여미고
이 길을 지나다 하얀 맨살로
눈물 그렁그렁 달고 손을 흔드는
너를 다시 만났다.
나는 그만 코끝이 찡하여

너의 살결에 코를 가만 댄다.
이 거친 사막에서 온 몸으로
지혜의 등불을 밝히는
거룩한 관음[*]꽃이여!

---

*관음보살觀音菩薩

화왕산火旺山 억새꽃

저무는 가을날
할딱고개, 환장고개를 지나
하늘이 맞닿은 칠백고지 평원에서
오늘 너를 만났다.
산은 온통 은빛 철새 떼가
군무를 추고 있구나.
모진 비바람에 허리 굽히고
따가운 햇살과 입 맞추며
청춘의 아픔을 가슴에 동여맨 채
풀꽃들의 싱그러운 미소만
소중히 간직한 너는
바람처럼 왔다가 바람처럼 떠나려 하는가?
가을산에는 은빛 철새 떼가
옥빛 눈물을 뿌리며 하늘을 날고 있다.

호랑가시나무

한겨울 한적한 교정에
겨울나무들이
독각승처럼 오수를 즐기고 있다.

흰 눈발 날리고
칼바람 매섭게 불어도
하얀 속살을 드러내고
젖을 물리고 있는 나무들.

궁핍한 한겨울
백 리 천 리 밖에서
모여든 어린 양떼들
꽃향기에 취해
새근새근 막 잠들고 있구나.

겨울나무는
빈자의 어머니
마더 테레사의 눈망울처럼
굶주린 생명들에게
빛을 물리고 있다.

비 갠 후 산책

팔월의 찜통더위로
심신이 혼미해 질 때
천둥이 치고 소낙비가 내렸다.

펄펄 달구었던
야구장의 함성도 꺼지고
정적이 감도는 휴일 오후.

싱그러운 플라타너스가
살갑게 눈인사한다.
산들바람이 다가와
부채살 같은 자귀나무는
자꾸 몸을 흔든다.

태양은 잠시 구름에 안기고
무덥고 긴 여름도
대지에 꼬리를 내리고
잠시 숨을 고르고 있다.

회동수원지에서

상수도 보호구역에서 40년 만에
개방된 명승지 오륜대五輪臺에 오른다.
마을버스에서 내려 둘레 길로 걸으니
초입 안내판에 게시된
부엉산, 땅뫼산, 선동 상현마을, 오륜 새내마을…
신선이 살아서 선동仙洞인가?
덕을 갖춘 이가 살아서 오륜五輪인가?
옛 지명들이 정겹게 다가온다.
초여름의 햇살에 초목들이 싱그러워
사방이 산으로 둘러싸인
잔잔한 호수 위에 물새 떼 날고 있다.
수변 산책로에는
초롱꽃, 개망초, 벌개미취…
이름 모를 풀꽃이 지천으로 피어나고,
붉나무 그늘에 핀 흰 나리꽃이
우아하게 웃고 있다.
수변 텃밭에는 상추가 웃자라고
풋보리가 누릇누릇 익어
나그네의 짜릿한 향수를 자아냈다.

어둑시니* 나무

공원가는 길가에
아름드리 은행나무가 쭉쭉 뻗어 있다.
아파트 단지가 들어서며
새 길을 내고 관에서 심은 것 같다.
봄에는 풋풋한 새 생명으로
가을에는 노오란 색동옷으로
행인들에게 늘 기쁨을 주었다.
비가 그친 날 아침 공원에 갔더니
아름드리 나무가 세 그루나 뽑혀,
앞니 빠진 사람처럼 피흘리고 누워 있다.
주민들이 웅성웅성, 구청 당직실에 신고했다.
다음 날 아침에 다시 가보니
어둑시니가 다녀 갔는지
나무가 다시 심어져 있다.
한 치 앞을 못 보는 어둑시니 때문에
사람도 나무도 큰 상처를 입었다.

---

*어둠의 귀신

주말 텃밭

흙냄새가 그리워
주말 텃밭에 배추 모종을 심었다.
처음에는 호기 있게 시작했으나
농사 일이 예사 일이 아니다.
물주기, 김매기는 기본이고
자주 들러 문안 인사를 해야 한다.
그 옛날 부모님은
논작물, 밭작물을 어린 자식 키우듯 했다.
모내기, 김매기, 멸구 잡기
비료 주기, 가뭄에 물대기
새벽부터 밤중까지 허리 펼 새 없이
힘든 노동으로 삼백육십일을 보냈다.
김매다 잠시 생각하니,
땅 빌린 돈으로 배추사면 될 터인데…….
"애야, 농작물은
네 자식처럼 애껴야 잘 큰단다."
아버지의 다정다감한 목소리 들려온다.
한 주 후에 물 주러 밭에 가니
한 뼘이나 훌쩍 자란 배추들이
방긋방긋 웃고 있었다.

파도 운동회
– 송정 해수욕장에서

파란 하늘에 솜구름 떠가고
먼 수평선에는 거룻배가 가뭇가뭇
여름 해수욕장이 문을 닫아도
더위에 지친 사람들이 나와
늦여름을 붙잡아 놓으려는 듯
바다가 온통 출렁인다.
윈드서핑, 파도타기 하는
물개들의 하얀 맨살이 바람에 펄럭이고
모래사장에서 연 날리는 아이들
야구하는 아이들로 활력 넘쳐난다.
둥둥 파도소리에 맞추어 춤추는
바닷가 운동회는 한바탕
인환人寰의 꽃이 피어났다.

2부

고향의 휴일

팔월의 태양이
숨가쁜 대지에 마지막 열기를
퍼붓고 있다.

파란 하늘에는
솜구름 떠가고
물먹은 산들이 살포시 다가왔다.

촘촘히 박힌 전봇대가
한가로이 오수를 즐기고,
붉은 벽돌집 교회의 첨탑엔
참새가 한 마리 쉬고 있다.

황금빛 벼이삭, 붉은 고추는
온종일 무거운 몸을 뒤척이며,
유년의 시간이 끊긴 들녘에는
흰 바람이 놀다 갔다.

어머님 곁에서

모처럼 고향에 내려와
어머니 영정 사진 앞에서
당신의 손자와 손자며느리와
처음 상봉했다.
40년 전의 어머니 모습과
똑같은 어머니 모습이
아버지 사진 옆에 걸려 있다.
창백하고 온화한 얼굴에
미소 띤 당신의 모습이
무심히 나를 바라본다.
나도 말이 없고
어머니도 말이 없으시다.
꼭 무슨 말을 하실 것 같은데
아무 말이 없으시다.
이승에서는
다시 만날 수 없는 어머니
사무치게 그리운 어머니.

손녀 孫女

아가, 너의 이름을
꽃별이라 부르랴?
아기천사라 부르랴?
새근새근 자는 너의 모습은
꽃사슴의 숨결 같다.
아기별의 동산에서
새벽이슬 머금고
갓 피어난 여린 꽃잎.
꽃볼에 입 맞추려고
손을 씻고 너를 안으며
나는 온몸으로 긴장한다.
티끌 많은 세상에도
방긋 웃는 너의 웃음은
동녘하늘 샛별처럼 영롱하다.

아가의 재롱

봄 햇살 비추는 날
모처럼 손녀가 찾아와
귀염둥이 재롱을 본다.

'이 분이 누구야'
'하비' (할아비)
'저 분은 누구야'
'하미' (할머니)
'하비에 뽀 해야지'
쿵쿵 달려와 내 뺨에
아기사슴의 입술을 댄다.

아기 천사가 나간다
뽀뽀뽀~
TV 음악에 맞추어
몸을 흔든다
으싸 으싸 으싸~

아침 햇살처럼 환한
아가의 웃음
밝아지는 온 누리.

장기臟器의 휴식

위장胃腸을 검진받기 위해
저녁부터 금식하고,
코리트산* 4리터를 희석해
10분 간격으로 몇 대접의 물을 마셨다.
두어 시간 후 변이 나오고
뱃속은 홀가분해졌다.
마음도 편안해졌다.
육십이 훨씬 지나도록
너는 몸의 중추부中樞府
영양 공급 관官으로 봉사했다.
그러나 너는 한 번도 포상 휴가도
휴식 시간도 갖지 못 했구나!
나는 그동안 하루도 거르지 않고
탐식 · 탐욕으로 너를 괴롭혔어…….
초승달이 보름달보다 희망이 있고,
빈 몸이 빈 그릇처럼
편안하고 넉넉하다는 것을
오늘 처음 느껴본다.

---

*위장 내시경 검사 때 지사제로 물에 타서 먹는 약

젖 빠는 아이

– 최민식의 '부산, 1969' 사진에서

엄마 살 냄새가
샘물처럼 그리울 때
아이는 누나 등에 업혀
엄마의 일터에 나타났다.

여인은 잠시 서서 젖먹이고
아이는 누나 등에 업혀
퉁퉁 부른 엄마 젖을 빤다.

아이는 온 천하를 얻은 듯
두 손에 젖을 움켜쥐고
꿀꺽꿀꺽 감미로운 생명수를 삼킨다.

성모마리아가
아기 예수를 만나는 순간,
우주가 처음 열리는 시간.

바람벽이 없는 난전亂廛이지만
요셉의 마구간보다 더 따뜻했다.

독감

한파가 물러간 오월에
나는 심한 목감기를 앓았다.
심한 기침이 나와 밤잠을 설치고
병원에 다닌 횟수만큼 알약도 늘어갔다.
내 육신은 육십 고개를 훨씬 지났지만
아직 할 일 많은 사람처럼
정신만은 초롱초롱하다.
아침에 일어나 산에 가서 운동하고
밥 잘 먹고 잠 잘 자며
몸의 저항감도 기른다.
직장이 없는 나는
하루의 대부분을 책과 벗하고 있다.
노년의 고독은
내 친구가 된지 오래다.
그러나 나는 이 고독을 벗 삼아
내 삶의 참모습을
밤하늘의 별처럼 탐색 중이다.

노인 병실

새해 벽두부터 꽃샘추위가 찾아오고
장모님이 과로와 혈압으로 입원했다.
혈맥에는 고압의 전류가 흘러
투약을 하고, 엠알아이MRI 촬영 후에도
혈압이 강하되지 않을 때는
자식들의 심장을 뛰게 했다.
6인실 병실에는
모두 사연 있는 노인들이
자주 나고 든다.
몇 주 전에 부군을 먼저 보낸 여노인
허리 굽은 아내 곁에 누워 있는 남노인
위암 수술을 받은 중년 여인도 있다.
한 평생 가족을 위해 헌신한 몸도
병마 앞에는 효자가 없다.
수십 년만의 강추위로
전국이 꽁꽁 얼어붙은 날도
노인들은 외로운 병실에서
봄 햇살 한 줌을
타는 목마름으로 기다리고 있다.

나의 도반道伴
- 무명 교사

당신은 나의 도반이요
내 영혼의 얼굴이다.
우리는 반평생 같은 길로
멀고도 힘든 교직의 길을
황소같이 뚜벅뚜벅 함께 걸어왔다.
짹짹, 참새 소리
초롱초롱 눈망울 보기 위해
새벽 4시 기상, 밤 12시 취침으로
하루해가 넘나들고
홍수같이 몰려오는 새 교육 실험장에서
어린이들에게 꿈과 사랑을
신념으로 부둥켜안고 살아왔지요.
당신은 전투가 끝나도
훈장이 없는 무명 교사
어린이의 꿈과 사랑만을
아끼고 책임진 영원한 스승.
"자상한 교육애로 어린이의 올바른 꿈과
성장을 도와 왔다"는, 송공패에
감사의 눈물을 흘리는 무명 교사.
어린이의 맑은 눈과 고운 마음은 언제나
시간과 공간을 넘어 당신 곁에 있다.

빈 방
- 입대하는 아들에게

찬바람 부는 날
너는 정든 집을 훌쩍 떠났다.
배움 때문에 나이가 들었지만
대한민국 국민으로서
국방의무를 수행하러 가는 길이다.
이제 네 얼굴을 자주 못 보지만
네가 쓰던 방에는
너의 사진이 덩그렇게 걸려 있고
손때 묻은 너의 책들이 가까이 있어
너를 대신한다.
네가 처음 겪는 낯선 곳에서
낯선 전우들과 만나
새로운 경험을 쌓고,
심신을 단련하는 병영생활은
힘들지만 값진 것이다.
긴 겨울 칼날 같은 추위에도
맨몸으로 추위와 맞서며
제 몸을 다듬고 있는
겨울나무를 보아라.
봄이 오면

푸른 잎과 새 생명을 얻는
큰 기쁨의 나무가 되리다.

임관식

대전 군의학교 임관식 날
오전 일찍 너를 만나러 갔다.
검게 타고 좀 여윈 얼굴이지만
보무도 당당하게 걸어오는 너희의 모습.
모진 추위와 비바람과 싸워가며
시련을 이겨낸 씩씩한 너희들의 힘.
겨울을 이겨낸 초록의 나무들처럼
신비롭고 자랑스럽다.
이 젊음을 나라를 위해
이 젊음을 고귀한 생명을 위해
조국의 간성으로 다시 태어났구나!

나이

별에 그을려
벼이삭 냄새가 나는
동생의 얼굴을 보니
내 나이를 알 것 같다.
부실한 치아를
틀니로 빼고 넣는다.
집 떠난 자식들
아직도 힘에 겨운데,
소막이 지친 황소 눈처럼
아프고 시린
동생의 얼굴.

빨래터의 별빛

– 박수근의 그림 '빨래터'에서

겨울에도 어머니는
흰 옷을 즐겨 입으셨다.
동구 밖의 빨래터에는
흰색, 분홍, 노랑 옷을 입은
여인들이 함께 나와
정겨운 이야기꽃이 피어났다.
개똥이네는 시집 간 딸이 아들을 낳고,
칠복이네는 외입나간 아들이 돌아왔다.
찬 냇물에 손을 담그고
말이 없으신 어머니
육남매 입고 벗는 옷이
한 철에도 단벌이라
냇물에 씻고 또 씻어
정갈한 새 옷을 만드신다.
밭고랑 흙에 긁히고
눈보라 청솔가지에 꺾이신
어머니의 마디 굵은 손가락이
오늘은 얼음조각에 부풀어
샛별처럼 떠오른다.

보리밭

– 고흐, '보리 베는 사람'*에서

이른 봄날 고향 길에
가끔씩 보리밭을 만나면
왠지 가슴이 설레인다.
푸른 보리밭에는
가난한 유년의 추억들이
오롯이 묻어나 나를 들뜨게 한다.
세한歲寒의 모진 추위와
배고픔을 이겨낸 강인한 생명들.
진달래 피고 산꿩이 알을 품어
보리이삭 누릇누릇 익어 갈 때면
우리들의 빈 뱃속도 넉넉해졌다.
보리타작하는 마당에는
부모님의 땀방울이
구슬처럼 맺혀 반짝이었다.
이제 어버이 떠나신 빈 들녘에는
고흐의 '보리 베는 사람' 처럼
풍요와 고독이
함께 나와 입을 맞추고 있다.

---

*1889년 빈센트 반 고흐의 작품.

바쁜 식사

찬바람 매섭게 부는
영하 5도의 날씨에
컵라면 손에 들고
후드득후드득 국물 마시고 있는
미화원 아줌마 셋.
영하의 날씨 예보에
속옷 두툼하게 입고, 장갑 끼고
재활용 가지고 나오다
눈물보다 더 진한
라면 국물을 마시고 있는
냉엄한 생生의 현장을 목도했다.
피가 도는 국물이 아니라
으스스 찬기가 도는 국물이다.
"새벽부터 나오셔서
수고 많습니다."
한 마디 인사말에
그래도 푸시시 웃고 계신
이 시대 삶의 역군들…….

산에 들에*

긴 겨울 혹독한 추위
꽃샘바람 스쳐가고
백양산 기슭에도 봄비가 내렸다.

숨죽은 대지에
어린 쑥 돋아나고
마른 나뭇가지에
퍼렇게 눈을 뜬
꽃망울이 애처롭다.

퍼붓는 빗줄기
완전무장에 각개전투
달리는 군인들의 거친 숨소리
피 묻은 가슴을 조이는 혈육들.

눈물로 두 해를 지세우고
내 조국, 부모형제 사뭇 그리워
산과 들에 꽃망울로 피어나는
이름 없는 영혼들…….

---

*천안함 침몰 2주년, 순국 영령을 추모함

사막의 꽃

– 20대 알바생의 죽음*

그는 가난을 어깨에 멘 소년이었다.
누구보다 가정을 사랑하고
또 젊음을 사랑했다.
세찬 모래 폭풍의 언덕길을
온 몸으로 헤치며 나아갔다.
그가 걷는 88사막에는
나무 한 그루, 오아시스 하나
발견할 수 없었다.
병역을 마치고 돌아와
빚진 학비와 가사를 돕기 위해
하루도 쉬지 않고
어둡고 깊은 터널 속을 헤엄쳤다.
자정이 고개 넘어, 지상의 사람들은
모두 가족 품에 안겨 새근새근 잠든 시각
깊고 음습한 지하에서
터브냉동기를 만지며 구슬땀을 흘렸다.
시나브로 밀폐된 창문으로
회색 바람이 밀려와
땀에 젖은 꽃망울을 휘저었다.
소년은 들꽃 같은 미소로 잠들었다.

다음 날, 그가 잠든 붉은 사막에는
방독면을 쓴 사람들이 오가고
아무 일도 없다는 듯이
검은 태양이 다시 떴다.

---

*고인을 애도하며 명복을 빈다.

힘든 날

찬바람 불고
눈비 내리는 날
잎 진 나뭇가지에 앉아 있는
꽁지 빠진 멧새 한 마리
먹이를 찾아
퍼드덕퍼드덕
이 나무 저 나무 옮겨보지만
열매는 보이지 않고,
나무에 기어오르던 청설모가
눈을 흘기며
쥐똥나무 열매 몇 개 흘리고 간다.

3부

천사의 집

아카시아 꽃 피어나는 날
중증장애인 요양원에 봉사하러 갔다.
원생이 30~40명 수용된 이곳은
하나같이 무의탁 원생들이다.
휠체어로 움직이는 아이
코에 산소마스크 달고 있는 아이
존데*로 음식을 삼키는 아이
나이 40세에 정신나이 10세인 사람
시각장애인도 한 명 있었다.
휠체어로 움직일 수 있는 아이들 모아
음악회를 열었다.
키타 반주에 맞추어 손벽치는 아이들.
들꽃처럼 웃는 아이들의 모습에서
아카시아 향내가 묻어났다.
불굴의 의지로 장애를 극복한
오체불만족의 소년**같이
하늘꽃처럼 순결한 너희들에게
희망의 빛이 충만하기를 간절히 기원한다.

---

*존데sonde : 체강이나 장기 속에 삽입하는 도관 모양의 기구

**선천적으로 두 팔과 두 다리 없이 태어나 이것을 극복하고 성공한 일본의 '오토다케 히로타다'

목숨

팔월의 태양은
따갑게 대지를 달구고 있다.
산길을 걷는다
찌찌 치르르~
매미 소리가 귀청을 찢는다.
가마솥 땅 위에는
지렁이 떼가 몰려나와
몸을 비비고 있다.
맨살 맨몸으로
바싹 마른 땅 위에
제 몸을 비비고 있다.
비정규직 50대 여성 가장이
직장 잃고 매미처럼 울다가
눈물도 마른 나뭇가지에
스스로 목을 매달았다.
아스팔트는 녹아
푹푹 신발에 달라붙는다.
이 가마솥 더위에
허리 굽은 노인이 폐휴지를 실은
손수레를 끌고 있다.

노인의 여윈 얼굴에는
소금꽃이 피고 있다.

미소

아침 산책길
담소하며 걷는
두 모녀
하얀 피부에
달덩이 같이 고운 처자는
연신 엄마의 말에
고개를 끄덕이며 미소 짓는다
엄마는 딸을 놓칠세라
얼굴만 쳐다보며 걷고 있다
무슨 이야기인지 두 여인은
서로 몸을 흔들면서 웃고 있다
두 여인의 얼굴에는
아침 햇살이
부처꽃으로 피어났다.

다시 초원을 꿈꾸며

– 옛 하야리아 부대에서

푸른 초원이 있어
시민의 허파 구실을 한
이곳은 일제강점기에는
동남아 징용군의 훈련장이었다.
일월이 뜨고 지고 백 년의 세월 동안
우리의 소중한 땅, 시민의 안 가슴은
남에게 맡긴 채 주인 노릇 한번 못해왔다.
낯선 군인들이 머물던 막사,
헬기장, 무기고, 사령부, 관사,
마권판매소, 장교클럽, 사병클럽, 극장 등
각종 편의 시설이 즐비하다.
손님이 떠난 빈 콘크리트 막사에는
벽안의 젊은 병사들의 숨소리가
가프고 가프게 들려오고,
아름드리 미루나무와 청청한 상록수에는
상처로 얼룩진 별과 바람이 앉았다 떠나갔다.
사령부 앞 국기 게양대에는
성조기 대신 태극기가
바람에 펄럭이고 있었다.

난파
– 천안함 영령들을 추모하며*

꽃비 꽃바람에
여린 꽃잎들의 눈보라가
보도블록에 낭자하다.

빛도 바람도 통신마저 차단된
머나먼 그곳은
46명의 꽃다운 목숨을 앗아간
차가운 심해, 칠흑 같은 어둠.

신이 천지개벽할 때도
미명의 빛은 있었으리라.
이것은 단 한 줌의 양심도 없는
망나니들의 광란의 춤.

살아있는 자의 부끄러움,
간장이 찢어져
혼절하는 부모들.
피맺혀 말문을 닫는 혈육들.
침묵하는 조국.

누가 이 귀한 목숨을
꽃다운 이 젊음을,
피어나게 할 수 있겠는가?
다시 평상의 아들로 돌아와
'엄마' 부르며, 부모 앞에 서게 하겠는가?

꽃비 꽃바람에
선혈을 뚝뚝 흘리며
외로운 영혼들이
길바닥에 흩어지고 있다.

---

*2010. 3. 26. 천안함 침몰로 고귀한 젊은이들이 순국함.

그들은 영웅들

미국 샌프란시스코 공항에
꼬리를 잃고 비상 착륙한 여객기
290명의 소중한 목숨이
촌각에 달려 있었다.
가냘픈 몸매와 초롱초롱한 눈매
혹독한 훈련으로 가꾼 당찬 얼굴들
사선을 넘나드는 일촉즉발의 순간에도
한 치의 오차도 없이 비상 탈출구를 열고
승객들을 대피시켰다.
부상을 입은 승객을 대피시키고
어린 승객을 업고 뛰고 또 뛰었다
마지막 승객이 빠져나오고
선임 승무원과 부기장이 발을 옮기자
불기둥은 하늘을 치솟았다.
꼬리뼈가 부러진 아픔도 잊은 채
뭇 생명을 구해낸 나이팅게일
장하다 빛나는 영웅들이여!

황사黃砂 바람

연일 날아 온
대륙의 흙먼지로
산도, 강도, 민가도
지척이 분간키 어려워라.
눈과 입을 가린
한 치 앞을 못 보는 사람들.
하늘에는 검은 비 내리고
지구촌 곳곳에는
독재 타도를 외치다
피 흘리는 사람들의 신음소리
귀청을 찢고 있다.
산에는 벌목하는 톱질에
쓰러지는 병든 나무들이
흰 이빨 드러내고 울고 있다.

검은 파도
- 일본 동북부의 대지진을 보며

그는 포악한 불청객이었다.
시속 700km 속도로
15m의 검은 우뢰를 몰고 온 그는
평화로운 인환人寰을 휩쓸고 갔다.
검은 발자국이 스쳐간 마을에는
사람과 집들이 송두리째 사라지고
폐허와 정적만이 감돌았다.
엿가락처럼 휘어진 철로
2층 옥상에 걸쳐 앉은 여객선,
부모 형제도 한 순간에 잃고
수십 리를 흘러간 붕괴된 주택에는
할머니가 어린 손자를 꼭 끌어안고
눈을 감고 있었다.
쓰나미 잔해 속에서 나와
울부짖는 소녀가 애처롭다.
그러나, 검은 잔해 속에서도
생후 4개월 된 아이가 구출되고
또 새 생명이 탄생했다.
캄캄한 절망 속에 희망의 빛이 보인다.
눈물의 햇살 아래 피어난 꽃들이여,

차가운 꽃샘바람 속에도
푸른 햇살이 비치고 있구나.

레미제라블[*]

칼바람 부는 날
뮤지컬 영화 보러 극장에 갔다
주인공 마리우스와 판틴의 딸
코제트의 사랑이야기가 눈물겹다
간밤에 추위에 지친 나무들
털외투를 걸친 겨울눈은
핏발선 눈동자를 굴리며
바람에 흔들리고 있다
희망버스에 목을 거는 노동자들
약값도 안 된 노령 연금에
목숨 줄 걸던 노부부가 또 자살
자살률 세계 1위는
엄동설한 칼별은 알고 있다
영하의 날씨에도
새벽 알바 가는 아이들
바리케이트 저편 어딘가에
그리던 낙원이 있는가?……
내일이면 새 날이 밝아오네[**]
벅찬 노래에 함께
눈물 흘리는 사람들

추위에 지친 사람들
꽁꽁 언 손을 잡고
일터에서 돌아오는 사람들.

*원작은 빅토르 위고의 장편소설(1862)

**뮤지컬 레미제라블에 나오는 군중의 노래

귀향歸鄕

땡볕 퍼붓는 팔월에
고향을 찾아갔다.
버스를 타고 차창 밖으로 보니
모진 가뭄과 홍수에도
벼 포기는 풋풋하게 자라고 있다.
억새풀 헤치고
부모님 산소를 찾아
아들과 엎드려 재배하니,
꿈속에만 만나던 여윈 어머님이
당신 생전에 안아보지 못한
손자의 등을 가만가만 두드리신다.
무상한 세월 너머로
시린 하늘이 웃고 있다.

2월에는

기나 긴 겨울 지나도록
꽁꽁 얼어붙은 어둠의 땅에도
봄 햇살 비추는가?
350만의 귀한 생명들을
무자비하게 땅속에 파묻고도
평온한 일상이 찾아오는가?
살을 에는 추위와 하늘이 찢어질 듯한
눈보라도 참고 이겨낸 백성들.
환갑이 지나도록 동강난 허리를 동여메고
아픔을 참아온 어진 백성들.
허리에 깁스붕대를 떼기도 전에
다시 불화살을 주고받은
미치광이들의 전쟁 놀음.
백 년만의 혹한을 이겨낸
시민들이 산에 오르고 있다.
오리나무 · 목련가지에도
겨울눈이 봉긋 솟고, 멧새 날고 있다.
구민의 숲 속에는
부모 따라 나온 개구쟁이들이
공놀이에 힘이 솟는다.
신묘년 햇살도 다시 비추고 있구나.

아픈 봄빛

엄동 추위 물러가고
언 땅에 제비꽃 · 개불알꽃
다투어 피어났다.

화창한 봄날
아픈 추억과 간절한 열망이
살아 숨쉬는 봉화마을
역사의 현장을 찾아가네.

해가 바뀌고 또 바뀌어도
푸른 산과 검은 바위는
그대로인데 임의 모습과
임의 목소리 찾을 길 없네.

가을 들녘에서
손녀를 자전거에 태우고
소탈하고 넉넉한 웃음을
보여주던 당신.

"연탄 한 장 같은 대통령
당신을 사랑합니다."
땅에 묻힌 작은 보도블록에
그날의 민초들의 통곡이
가슴을 아프고 아프게 두드리네.

화엄華嚴꽃

백암산 입구 삼십 리 길
배롱나무 꽃길
팔월의 태양 아래
눈부시게 피어났다.

삶이 엿가락처럼
휘어질 때
일상을 팽개치고
산과 바다로 간다.
피울음 삼키며 피어난 꽃들
정열의 꽃, 구도의 꽃
장엄한 너를 만나러 간다.

소나무 우거진
티끌 없는 산길에
고래 떼 떼울음 소리
동해의 파도소리가
귓전에 출렁이고

월송정 차가운 물에
풍덩 몸을 담그면,
화엄꽃으로 피어나는
너의 긴 울음.

풍요豊饒

비 퍼붓는 날에
아내 따라 마트에 갔다.
빅 마트라 그런지
낯선 물건들이 진열대에 가득하고
장 보는 이도 인산인해人山人海다.
큰 카트를 밀고 끌고
사람 속을 헤엄쳐 나갔다.
근방 큰 바다를 건너 온
붉은 살코기에는
피가 뚝뚝 떨어지고 있다.
소고기, 돼지고기, 양고기, 닭고기…
고등어, 참치, 민어, 연어…
벌꿀, 브로콜리, 오렌지, 키위…
진열대를 가득 메우고
달라 주머니를 채워주고 있다.
지금은 에이프티에이FTA가 사랑받는 시대.
황토밭 일구며
평생을 살아온 농부들이
뼈 빠지게 정을 준
쌀농사, 고추농사는

천덕꾸러기가 되어 사라지고
외양간엔 이 빠진 황소가
아버지의 굽은 등을
어루만지고 있다.

작은 일터

사직 사거리 약국 앞
포장마차 아지매
오늘도 마차 안에서 붕어를 낚는다.

지금은 아이엠에프보다 더 힘든
실직 고개, 헐떡 고개
동네는 포장마차가 더 늘어나고

배가 불룩한
황금빛 붕어가
구수한 냄새를 풍기며
인심 좋은 아지매의 손 위에서
노을빛으로 파닥이고 있다.

검은 비

검은 하늘에서
돌개바람과 함께
검은 비가 내렸다.

휘젓는 비바람에 낙화하는 꽃잎, 꽃잎…
보도블록에 핏자국이 흥건하다.

비옷을 입고 마스크로 얼굴 가린
햇병아리들이 무거운 가방을 메고
종종걸음으로 걷고 있다.

세숨과 요오드가
허공에서 샛바람에 춤을 춘다.

꽃잎보다 가벼운 사람들이
콩콩거리며
검은 비를 맞고 힘겹게 지나간다.

타는 저녁놀
– 삼강 주막*에서

내성천 · 금천 · 낙동강이
몸을 섞는 삼강 나루터

그 옛날에는
한양 가는 바쁜 길손
주모의 푸짐한 손맛에 반해
하룻밤 묵어가는 곳.

물길 따라 찾아온
포구의 장사꾼들이
한바탕 너털웃음으로
파시波市가 열리는 곳.

오늘은
행락객 길손들이
왁자지껄 모여든다.
도토리묵 · 배추전에
진한 탁주 한 사발
나그네들의 허기를 달래준다.

문경새재 길목
나루터 초가집 빈 방엔
먼 길 떠나는 길손들의
너털웃음 사라지고

타는 노을 속의
오백년 묵은 회화나무 가지엔
세월에 쫓긴 동공瞳孔들이
푸른 울음으로 맺혀있다.

---

*낙동강 상류의 포구에 있는 주막.

염천炎天

하늘에는 흰 구름 떠가고
태양은 아직 숨죽은 대지 위에
열기를 퍼붓고 있다.

더위에 지친 이는 산과 바다로 떠나고
해운대 · 광안리 백사장에는
백만의 인파가 몰려와
구릿빛 몸매를 자랑하며 더위를 씻고 있다.

봉래산 기슭, 안테나 꺾인
35미터 크레인에는 200일째 곡기를 끊고
파라오의 복음만을 타는 목마름으로
기다리는 사도使徒가 울고 있다.

몽매간에 집과 가족이 그리워
폭염에 몸을 씻고, 비바람을 끌어안고
삼베보다 질긴 목구멍을 어루만지며
피눈물을 흘리고 있다.

4부

다뉴브 강의 꽃
– 부다페스트 ①

차는 비엔나에서
헝가리 국경을 넘어 이동했다.
나라와 나라가 이웃처럼 느껴진다.
드넓은 평원에 펼쳐진 들녘에는
파릇파릇 자라는 농작물이
고향의 들녘같이 풍성하다.
논밭에 우뚝 솟아 팔을 벌리고 서 있는
풍차가 지친 나그네들에게
이웃사촌처럼 손을 흔들이 반겨준디.
동유럽의 가난한 나라 선입감이
싹 가시는 것 같다.
동유럽의 진주라는 부다페스트,
수많은 외침과 억압에서도
자유를 쟁취하며 살아남아
다뉴브 강의 푸른 물결처럼
기적을 이루며 살아온 민족.
이곳 저곳 레스토랑 앞에 빨강 고추가
주렁주렁 매달려 고향에 온 느낌을 준다.
서양 속의 동양의 풍경,
한민족의 뿌리를 생각하며 걸음을 재촉했다.

부다 왕궁Buda Castle
- 부다페스트 ②

고깔모 같은 민병대들의 요세인
어부의 요세를 지나서
헝가리 역사의 증인이고
부다페스트의 상징인 부다 궁전에 오른다.
입구에 전설의 새 '투룰'*이 나래를 펴고 있다.
전쟁의 상흔이 아직 가시지 않은 듯
건물 곳곳에 총탄 자국이 상처로 남아
평화의 소중함을 일깨워 준다.
네오바로크 양식의 이 궁전은
옛날에 외침의 발자국으로 파괴되었다가
근세에 다시 복구되었다고 한다.
삼색기가 꽂혀 있는 대통령 집무실은
민주의 성지답게 너무 소박하고 조용하다.
눈부시게 푸른 강이 흐르고 있다.

부다페스트의 소녀여!
네 죽음에서는 한 송이 꽃도
흰 깃의 한 마리
비둘기도 날지 않았다.**

조선의 한강 변에서는
태극기 가슴에 묻고
피 흘리는 소녀가 울고 있다.
피눈물 나는 역사의 소용돌이 끌어안고
오늘도 다뉴브 강은
푸르고 푸르게 흐르고 있다.

---

*투룰 : 헝가리 건국의 아버지 '아르파트'를 낳았다는 새.

**김춘수의 「부다페스트의 소녀의 죽음」 시구

체스키크룸로프*

이국에서 시월은
자작나무 숲을 잊지 못한다.
차는 자작나무 가로수 길을
숨가쁘게 달려왔다.
낯선 곳에서 너를 만남은
고독한 생의 반려자처럼 정겹다.
블타브 강을 끼고 흐르는
체스키 성을 오르며,
우리는 동화처럼 아름다운
체스키크룸로프를 찾았다.
사람도, 붉은 집도, 강물도
모두 동화 속의 요정이었다.
영주가 황금마차를 타고
금방 지날 것 같은 망토다리 위에
사람들은 선홍빛 추억을 더듬고 있었다.
신라의 아사달과 아사녀가
성큼성큼 다가올 것 같은
까를교(이발사 다리)** 위에 섰다.

밤이 깊어 돌아오는 길에
블타브 강은 이별의 슬픔을 아는 듯
흑흑 흐느끼고 있었다.

*프라하에서 200km 떨어진 중세도시. 1992년에 유네스코 문화유산으로 마을 전체가 지정 됨.

**루돌프 2세의 서자와 이발사 딸의 비극적 사랑의 전설이 담긴 다리.

호엔잘츠부르크 성*

유유히 흐르는 잘자흐 강을 건너
소금의 성(호엔잘츠부르크)에 오른다.
높고 힘든 계단은 리프트가 가볍게 태워준다.
그 옛날 유럽인의 생명줄 같은
소금광산을 지키기 위해
이곳에 성을 쌓았으리라.
성 안에 우람한 보리수나무가
이방인을 반긴다.

성문 앞 우물 곁에 서 있는 한 그루 보리수나무
나는 그 그늘 아래 단꿈을 꾸었네
보리수 가지는 산들산들 흔들리며
이리 내 곁에 와 안식을 찾으라고 말하는 것 같네.**

나도 잠시 보리수나무처럼
우두커니 서 있었다.
낡은 대포가 있고, 1,200m의
펌프 우물이 있는 것은
당시의 민관군民官軍이
치열하게 성을 지키며 싸웠으리라.

성에서 내려다보는 성당, 구시가는
한 폭의 그림같이 아름답다.
저녁놀에 물든 잘자흐 강이
은빛으로 번쩍이며
천 년의 영화를 노래하고 있다.

---

*1077~1681년에 완성된 중부유럽의 최대의 성, 소금광산을 지키기 위한 요새.

**슈베르트의 가곡 '보리수'의 원작 시

오시비엥침(아우슈비츠)*

미루나무가 서 있는 붉은 벽돌집
육중한 철문에 높이 새겨진 글귀
"일하면 자유로워진다ARBEIT MACHET FREI"
이방인의 가슴을 짓누른다.

한 무리 금발의 학생들과
제1수용소 내부로 들어섰다.
수인번호를 단 벽걸이 사진들
멀뚱멀뚱한 눈빛이 전류처럼 흐른다.
앙상한 갈비뼈만 남은 네 쌍둥이
형제는 60~70년 동안 옷이 벗겨진 채
구천九天에서도 아직 엄마를 찾지 못해
안타까워하는가?
독가스 실에 가기 전 깎은
금발 · 은발의 머리카락
무게는 7톤, 2만 명 분.
벗겨진 신발, 안경, 금니, 밥그릇, 수저,
빼앗긴 가방은 아직도 주인을 기다리고 있는가?

총살의 벽** 앞에 서서
잠시 묵념을 했다.
추모의 꽃다발이
그날의 원혼을 달래며 눈물짓고 있다.
수백만의 목숨을 앗아간 비극의 현장
인간이 저지른 광기의 역사 앞에
분노를 삼키며,
고압철책의 문을 빠져나왔다.

*폴란드 남부 크라크프 50Km 지점에 있는 나치의 강제 수용소.

**건물과 건물 사이에 구멍이 펑펑 뚫린 총살의 벽이 있다.

마부의 꿈

– 폴란드 소금광산에서

700년 간 부를 안겨준
비엘리치카 소금광산에는
아직도 꿈을 꾸는 말과 마부가 있다.
은빛 소금으로만 이루어진
300m 지하 갱도 중간에는
축복받은 킹가 교회*가 있고
성모와 아기 예수,
최후의 만찬의 제자들이 성스럽게 조각되어 있다.
이곳에 끌려온 망아지들은 일생을 빛도 못 본 채
소금을 캐는 광부를 도와
거대한 권양기와 수차를 돌려
소금을 캐고 은빛 재화를 운반했다.
그들은 고향의 별을 보는 게 꿈이었다.
밤에는 요정들이 내려와
광부들의 힘든 일을 대신하고
일에 지친 광부들은 틈틈이 교회를 지어
은빛 성가족을 창조했다.
세월이 흘러,
그들이 만든 교회에 종소리가 울리고
소금으로 빚은 샹들리에가 반짝였다.

마부는 퇴역이 되었지만
아직도 빛을 못 찾은 망아지 때문에
차마 이곳을 떠나지 못하고
그가 어미 품으로 돌아가
노고지리 우짖는 잔디밭에서
정든 가족들과 살을 비비며
고향의 별을 헤아리는 날을 기다려
오늘도 하염없이 울먹이고 있다.

*킹가 공주 : 폴란드 왕과 결혼하기 위해 가던 중 암염광산을 발견하여 막대한 부를 안겨준 전설상의 공주로, 그를 기리기 위해 세운 교회가 있음.

십찰해什刹海*

호수 주변에
열 개의 사찰이 있어 십찰해란다.
사람과 호수와 울긋불긋 집들이 어우러져
나그네의 마음을 들뜨게 한다.
연대사가煙袋斜街 입구의
다리에 서서 사진 한 장 찍으며
나도 호수의 주인이 되어
호수 위를 나는 새처럼
천 년의 세월을 낚고 있는 것 같다.

---

*스차하이 : 중국 자금성의 서쪽, 북해공원의 북문에 위치해 있는 곳.

연대사가煙袋斜街에서

인력거를 타고
후퉁거리*를 달렸다.
이곳은 말 대신에
사람이 끄는 인력거가 제격이다.
그 옛날 고관들이 모여 살며
사랑을 나눈 곳이다.
좁은 골목 집집마다
문패가 걸려 있어
가문의 전통을 자랑하고 있다.
담배를 피우는 사람이 많아
끽연 거리인가?
인력거를 세워두고
사람을 기다리는 인부도 한가롭다.
천 원 팁을 받는
인부의 등에 베인 땀방울이
울컥 목이 멘다.

*중국의 전통 골목, 이곳에서 옛 북경인의 생활 모습을 볼 수 있다.

이화원頤和原[*]에서

바다인가 호수인가
눈앞이 아득하구나
한 시대의 권력의 힘이
이리도 크고 광활한가?
이 물길을 인공으로 끌어와서
사람의 호수가 되었구나.
곤명호 입구에는
연꽃들이 화알짝 피어
나그네의 발길을 사로잡는다.
락수당樂壽堂[**] 앞
사슴과 학은
천 년의 세월을 함묵하며
황녀를 지키고 있다.
길고 긴 누각에 새겨진 회화들은
제각각 얼굴이 달라
변화무쌍한 황녀의 심중을
촘촘히 읽고 있는가?
잠시 황녀가 외롭게 걷던

그 길을 나그네 함께 걸으며
권력의 무상함을 발끝에서 느껴본다.

*중국 청나라 함풍제咸豊帝의 황후 서태후西太后의 별장.

**황후 서태후의 침실. 여기서 호화 생활을 했다고 함.

귤동 마을
– 다산초당 가는 길 ①

강진터미널에서 다산초당 버스를 탔다.
버스 안에는 올망졸망 보따리 들고
초이레 강진 장 보고 가시는
여노인들로 북적북적
버스는 싯푸른 벼이삭 출렁이는
만덕 들녘을 지나고 있다.
가장 뒷자리에 탄 노인에게 물었다.
"할머니, 농사일 하느라 힘드시죠?"
"말도 마소, 안 죽으니까 이 일을 하요."
노인의 귤 같은 얼굴에
고독의 그림자만 묻어 있다.
귤동 마을 입구에 내려 다산초당까지 걸었다.
길가에는 붉은 고추와 깻단이 널려있으나
사람 구경은 힘들다.

밥 먹자 도리깨 잡고 마당에 나서니
검게 탄 두 어깨 햇볕 받아 번쩍이네
옹헤야 소리 내며 발맞추어 두들기니
삽시간에 보리 낟알 온 마당에 가득*

그 옛날 보리타작하며 흥겹게 웃던
장정들의 웃음소리 떠나고
적막한 마을엔 매미소리만 귀를 찢는다.

---

*다산 정약용의 타맥打麥 시구

고사목枯死木
– 다산초당 가는 길②

다산초당 뿌리의 길 중턱에
오래 전에 빛을 잃은 고사목이
허리를 굽혀 땅과 입 맞추고 있다.

그래도 한창 때는
푸른 잎을 달고 넉넉한 팔을 뻗어
멧새, 다람쥐를 품에 안고,
별과 구름, 바람을 벗 삼아
시푸른 생生을 노래했으리라.

나무의 허리를 쳐다보았다.
거친 비바람에 패인 그의 등허리에는
파릇파릇 이끼가 돋아 푸른 잎을 달고
죽은 육신까지도 공양供養을 하고 있는가.

문득 늘 푸른 적송과 대나무 숲 속의
졸졸졸 흐르는 물에 눈을 씻고,
이 거룩한 성자聖者를 우러러 본다.

때죽 열매

때죽나무
열매 몇 개
이른 봄 멧새소리에
하얀 꽃 벙글어
긴 여름 따가운 햇살로
여린 몸을 달구어서
세찬 비바람에도 꺾이지 않고
작은 풀벌레의 눈물도 끌어안고
이리도 알알이 영글어
작고 둥근 얼굴들이
지상의 별들로 맺히었구나.

소록도少鹿島에서

어린 사슴이 살아서 소록도인가?
단절의 땅, 피눈물의 섬인 소록도가
이제 육지가 되어 다리 하나 넘어
금방 달려가 닿았다.
입구 애환의 추모비에 잠시 묵념을 올렸다.
편백나무, 향나무, 동백나무가
깔끔하게 어우러진 중앙공원에는
그 옛날 강제 노역에 동원된 이들의
땀과 눈물로 키운 나무 같아 가슴이 뭉클했다.
'보리피리' 시인*의 시비 곁에
날개 달린 하얀 천사가 병마를 물리치는
구라탑救癩塔에 새겨진,
"한센병은 낫는다" 글귀에는
원생들의 간절한 소망과 아픔이 묻어 있었다.
한국판 아우슈비츠인 통제된 공간,
감금실, 검사실(수술실)에서는
인간의 자유와 인권이 말살되었다.

그 옛날 나의 사춘기에 꿈꾸던
사랑의 꿈은 깨어지고

여기 나의 25세의 젊음을
파멸해 가는 수술대 위에서
내 청춘을 통곡하여 누워 있노라
장래 손자를 보겠다던 어머니의 모습
내 수술대 위에서 가물거린다.
(중략)
지하의 히포크라테스는
오늘도 통곡한다.**

동박새 울음소리 들으며
흰 동백꽃처럼 살다 가신 고귀한 넋들이여
고이 잠드소서!

---

*고 한하운 시인.

**일제시대 감금실에 갇혔다 풀려나와서 단종수술을 받은 어느 원생의 시.

조국의 별
– 이육사 문학관에서

가을햇살처럼 따스한 날
임을 만나러 갔습니다.
경북 안동군 도산면 문화촌 자락에서
임의 모습을 뵈옵니다.
육형제가 오순도순 정을 나누었던
그 곳에는 임의 향기가 묻어납니다.
깔끔한 성품에 꽃을 좋아하고,
문학과 독서에 열중했던 임의 모습.
세 살 때 아버지를 여읜
안옥비* 여사는
선친에 대한 어린 날의 추억을
아픔으로 증언합니다.
조국이 풍전등화風前燈火 되어
절망의 노도怒濤가 밀려올 때
붓을 던지고 칼날 앞에 맞섰던 당신.
만주와 압록강을 수 없이 건너며
꺼져가는 조국의 광명을 찾으러
앞장서 횃불을 들었던 당신.
오늘은 우뚝 선 조국의 하늘아래
혜성처럼 빛나고 있는

임을 다시 뵈옵고,
한민족의 숨결과
역사의 복음을 안고 갑니다.

---

*이육사의 셋째 따님. 이육사 문학관 관장.

약천藥泉

– 다산초당 가는 길 ③

남도 끝자락, 예향의 고장으로
방랑의 길을 떠났다.
장흥 소리 재에서 만난 굵은 빗방울,
붉은 백일홍이 울먹이며 손짓한다.
다산초당 인접 산길을 걸으며
아비의 마음을 헤아려 본다.
유배지에 찾아온 아들,
마늘 팔아 노자 삼아
새끼 당나귀 끌고 왔다.
싸락눈 내리는 날
부자父子가 걷던 그 길을
나도 지금 걷고 있다.
고인故人이 즐겨 찾던 서암 뒤편의
약천에선 지금도 샘물이 솟아
나그네의 발길을 머물게 한다.
이 샘물을 마시며 마음을 다스렸던 고인처럼
나도 한 바가지 물을 마시며
그 날의 학이 되어 날고 싶다.

소막

고향 선산 밑 소막에는
어미소와 새끼소가 나란히 서 있다.
건초를 먹다 말고
우두커니 방문객을 쳐다본다.
송아지는 그 순한 눈을 굴리며
사람을 피해 달아난다.
소작농인 아버지는
황소 부리는 것이 소망이었다.
당신 생선에 논밭 갈아
자식들 키우던 충직한 일꾼이다.
회갑이 지난 동생이
아버지 유업을 받들고 있다.
에이프티에이* 홍수 속에서
농민의 시름이 깊어가고
세한 추위에도 황소 가족은
동생의 분신이 되어
빛 잃은 고향을 지키고 있다.

*FTA : 자유무역협정.

을숙도 갈대꽃

우리는 갈대숲 사이로
말없이 걸었다.
푸른 하늘에는 철새 떼 날고
하구둑으로 뽀얗게 흘러가는 강물
모래톱에는 작은 물새들이
부지런히 몸을 움직이고 있었다.
붉게 물든 단풍나무
갈대집 포토존 앞에서
연인처럼 서서 기념사진을 찍었다.
풀꽃냄새 맡으며 들길을 거닐었다
바람처럼 새처럼 가벼운
그는 말이 없었다.
노을이 저 혼자 붉어지다가
하얀 갈대꽃 머리 위로
사뿐히 내려와 앉았다
갈대는 어느 새
하얀 가슴이 붉게 물들었다.

겨울나무

나무는 실로 말 없는 수행자
북풍北風 한천寒天 아래
그 칼날 같은 자태는
하늘을 찌르고,
일체의 상념을 떨친
의연함은 감히 넘볼 수도 없다.
오욕五慾의 장렬한 불꽃을 끈
긴 극기의 시간 동안,
몸에는 고독의 등불을 켜고
살을 에는 추위와 눈보라 속에
안일安逸에 항거하며,
새 생명의 배를 잉태하고 있다.
시퍼렇게 언 나뭇가지에
겨울눈이 반짝인다.

| 해설 |

농경적 상상력과 생의 전면적 진실

임종성 (시인, 문학박사)

시를 쓰는 '나'는 시 속에 있다. 그러나 '나'는 지금 시를 쓰는 실제의 '나'가 아니다. 그렇다면 시를 쓰는 '나'는 누구이며, 시 속에 있는 '나'는 누구인가?

시 쓰기는 '나'를 없애고, 지금에 있는, 있다고 믿어온 일상의 '나'를 깨끗이 지워 '나'의 부재를 확인하는 것이다. 시에 있어 '나'는 없다. 오직 '시를 쓰거나, 시 속에 있을 때' '나'는 있는 것이다.

시의 내부에 개입된 '나'에게는 무슨 주체가 있는 것이 아니라 시가 있고 언어가 있을 뿐이다. 시가 '나'를 낳고, 언어가 '나'를 기르고, '나'는 시 속에, 언어 속에 있는 것이다. 그러니까 '나'는 잠재적 허구의 화자인 것이다.

꽃샘바람
옹고집처럼 머물다 간
월드컵 동산에도
눈부신 꽃들이 피어났다.

아기천사라 부르랴?
꽃사슴 눈동자라 부르랴?
불면 터질 것 같은 보드레한 살결
먼 하늘의 봄바람 타고 와
하늘하늘 미소 짓는 순백의 천사들.

긴 겨울
칼날 같은 추위에도
맨몸으로 살을 비비며
봄을 잉태한 너의 모습은
어둠에 지친 사람들에게
희망의 등불로 비추어 주었지.

봄 향기 가득한
따스한 봄 햇살 한 줌에
내밀한 설움이 뭉게구름처럼 솟아
왈칵, 흰 눈물을 쏟고 있구나.

–「천사의 눈물(벚꽃 피는 날)」 전문

세상에는 많은 사건이 있다. 그 사건들 가운데서도 가장 순수한 사건은 꽃이 피어나는 일과 아이가 태어나는 일이다. 꽃은 피어나는 순간에 일생을 다 산다.

〈불면 터질 것 같은 보드레한 살결 / 먼 하늘의 봄바람 타고 와 / 하늘하늘 미소 짓는 순백의 천사들〉은 벚꽃의 다른 이름이다. 뿌리에서 가지 끝의 잎까지 모두 기울여 꽃을 피워 놓은 봄 나무들은 출산을 끝낸 산모와 다르지 않다. 폐허를 활짝 피운 나무의 빛깔은 순수하다.

〈긴 겨울 칼날 같은 추위에도 맨몸으로 살을 비비며 봄을 잉태한 너의 모습〉을 통해 화자의 마음은 설렘으로 들떠 있다.

엄마 살 냄새가
샘물처럼 그리울 때
아이는 누나 등에 업혀
엄마의 일터에 나타났다.
여인은 잠시 서서 젖먹이고
아이는 누나 등에 업혀
퉁퉁 부른 엄마 젖을 빤다.

아이는 온 천하를 얻은 듯
두 손에 젖을 움켜쥐고
꿀꺽꿀꺽 감미로운 생명수를 삼킨다.

성모 마리아가
아기 예수를 만나는 순간,
우주가 처음 열리는 시간.

바람벽이 없는 난전亂廛이지만
요셉의 마구간보다 더 따뜻했다.

—「젖 빠는 아이(최민식의 '부산, 1969' 사진에서)」 전문

한편 새로 태어나는 아이는 눈이 부시게 순결한 꽃이다. 이러한 아이는 과거에 속해 있는 것이 아니라 현재나 미래에 피는 꽃이다. 〈누나 등에 업혀 / 퉁퉁 부른 엄마젖〉을 빠는 아이는 〈온 천하를 얻은 듯 / 꿀꺽꿀꺽 감미로운 생명수〉를 삼키고 있다.

아기가 엄마의 젖을 찾은 것은 아기 예수가 성모 마리아에 안기는 것과 같다. 그런데 아이는 여자가 낳은 생명이다. "보아라, 순간에서 순간까지 이슬에서 이슬까지 / 여자가 낳은 것이 하늘 아래 가장 좋은 것이면서 / 여자가 낳은 것이 / 또 하늘 아래 가장 아픈 것 (김승희, 「여자가 낳은 것」)

이러한 아이가 성장을 마치고 일상인이 되면 마음에 틈을 보이지 않는 경우가 허다하게 생긴다. 〈바위도 나무에게 / 틈을 주는데 / 사람은 사람에게 틈을 주지 않

아요.〉「뿌리」처럼 각박한 생을 이어간다. 빈틈이 없는 것은 개인이나 국가도 예외 없이 불행을 초래하고 만다.

꽃비 꽃바람에
여린 꽃잎들의 눈보라가
보도블록에 낭자하다.

빛도 바람도 통신마저 차단된
머나먼 그곳은
46명의 꽃다운 목숨을 앗아간
차가운 심해, 칠흑 같은 어둠.

신이 천지개벽할 때도
미명의 빛은 있었으리라.
이것은 단 한줌의 양심도 없는
망나니들의 광란의 춤.
살아있는 자의 부끄러움,
간장이 찢어져
혼절하는 부모들.
피맺혀 말문을 닫는 혈육들.
침묵하는 조국.

누가 이 귀한 목숨을

꽃다운 이 젊음을,
피어나게 할 수 있겠는가?
다시 평상의 아들로 돌아와
"엄마" 부르며, 부모 앞에 서게 하겠는가?

꽃비 꽃바람에
선혈을 뚝뚝 흘리며
외로운 영혼들이
길바닥에 흩어지고 있다.

－「난파(천안함 영령들을 추모하며)」 전문

세상은 사막이다. 사막은 세계에 대한 환멸의 다른 이름이거나, 절대적 허무의 상징일 수도 있다. 인간 실존 안에 들어와 있는 죽음은 끝없이 생의 일부로 절망과 불안을 안겨 준다.

이러한 절망과 불안이 극단화 될 때 인간 존재의 파탄과 궤멸이 죽음에 대한 공포를 불러 일으킨다. 전쟁 상황도 아닌데 〈오늘은 우뚝 조국의 하늘 아래 / 혜성처럼 빛나고 있는 / 임〉인 젊은이들이 떼죽음을 당한 것에 대한 탄식이 낭자하다.

〈누가 이 귀한 목숨을 꽃다운 이 젊음을, 피어나게 할 수 있겠는가?〉고 자문하는 화자의 심리적 재난은 참혹

하기 그지없다. 이 처참한 죽음을 무슨 말로 드러낼 수 있겠는가? 슬픔과 고통을 가슴에 묻으려니 가슴이 너무 좁고, 하늘에 묻으려니 하늘이 너무 공허하다.

땡볕 퍼붓는 팔월에
고향을 찾아갔다.
버스를 타고 차창 밖으로 보니
모진 가뭄과 홍수에도
벼 포기는 풋풋하게 자라고 있다.
억새풀 헤치고
부모님 산소를 찾아
아들과 엎드려 재배하니,
꿈속에만 만나던 여윈 어머님이
당신 생전에 안아보지 못한
손자의 등을 가만가만 두드리신다.
무상한 세월 너머로
시린 하늘이 웃고 있다.

–「귀향歸鄕」 전문

화자는 고향에 머물러 나무들과 꽃과 새들을 보며 초록 생명을 느끼고 감사한 마음을 품는다. 그래서 하이데거는 "고향은 존재의 근거"로 제시한 바 있다.

〈꿈속에만 만나던 여윈 어머님이 / 당신 생전에 안아 보지 못한 / 손자의 등을 가만가만 두드리신다.〉에서 보이듯 어머니는 마음의 고향이다. 프롬은 『사랑의 기술』에서 "어머니는 우리가 태어난 길이다. 어머니는 자연이고 대지이며 대양이다"고 들려 준 바 있다. 이렇게 보면 고향에 계시는 어머니는 '거룩한 성자' 「고사목枯死木」인 것이다.

겨울에도 어머니는
흰 옷을 즐겨 입으셨다.
동구 밖의 빨래터에는
흰색, 분홍, 노랑 옷을 입은
여인들이 함께 나와
정겨운 이야기꽃이 피어났다.
개똥이네는 시집 간 딸이 아들을 낳고,
칠복이네는 외입나간 아들이 돌아왔다.
찬 냇물에 손을 담그고
말이 없으신 어머니
육남매 입고 벗는 옷이
한 철에도 단벌이라
냇물에 씻고 또 씻어
정갈한 새 옷을 만드신다.
밭고랑 흙에 굵히고

눈보라 청솔가지에 꺾이신
어머니의 마디 굵은 손가락이
오늘은 얼음조각에 부풀어
샛별처럼 떠오른다.

–「빨래터의 달빛(박수근의 그림 '빨래터'에서)」 전문

죽는 것은 우리들이다. 그러나 예술은 영원한 생명을 유지한다. 박수근의 빨래터 풍경은 고향이나 자연이 표면보다 내부에 있는 것을 말해 준다. 화자는 〈어머니의 마디 굵은 손가락이 / 오늘은 얼음조각에 부풀어 / 샛별처럼 떠오른다.〉며 가난한 생활 가운데서도 소박하고 정갈한 일상의 선명한 모습을 드러내고 있다.

흙냄새가 그리워
주말 텃밭에 배추 모종을 심었다.
처음에는 호기 있게 시작했으나
농사 일이 예사 일이 아니다.
물 주기, 김매기는 기본이고
자주 들러 문안 인사를 해야 한다.
그 옛날 부모님은
논 작물, 밭작물을 어린 자식 키우듯 했다.
모내기, 김매기, 멸구 잡기

비료 주기, 가뭄에 물대기
새벽부터 밤중까지 허리 펼 새 없이
힘든 노동으로 삼백육십일을 보냈다.
김매다 잠시 생각하니,
땅 빌린 돈으로 배추 사면 될 터인데……
"애야, 농작물은
네 자식처럼 애껴야 잘 큰단다."
아버지의 다정다감한 목소리 들려온다.
한 주 후에 물 주러 밭에 가니
한 뼘이나 훌쩍 자란 배추들이
방긋방긋 웃고 있었다.

-「주말 텃밭」 전문

자기 집의 텃밭처럼 아늑하고 정겨운 곳은 많지 않다. 이러한 텃밭이 화자에게 위안의 공간이 되는 것은 흙이 주는 평안과 겸소와 치유가 있기 때문이다.

〈그 옛날 부모님은 / 논 작물, 밭작물을 어린 자식 키우듯 했다〉에서 드러나듯 작물도 자식 기르듯 정성과 사랑의 손길이 깃들어야 풍요한 수확을 안을 수 있는 것이다. 〈애야, 농작물은 / 네 자식처럼 애껴야 잘 큰단다.〉는 말씀은 가벼운 웃음을 자아내게 한다.

그러나 사람의 생애는 늘 고향에만 안주할 수는 없다.

자기 바깥의 체험을 빌려 제 안의 성숙을 도모해야 하는 것이다.

동유럽의 진주라는 부다페스트,
수많은 외침과 억압에서도
자유를 쟁취하며 살아남아
다뉴브 강의 푸른 물결처럼
기적을 이루며 살아온 민족.
이곳저곳 레스토랑 앞에 빨강 고추가
주렁주렁 매달려 고향에 온 느낌을 준다.
서양 속의 동양의 풍경,
한민족의 뿌리를 생각하며 걸음을 재촉했다.

—「다뉴브 강의 꽃(부다페스트 ①)」 부분

집을 나와 먼 나라나 외지에 가는 것은 본래적 자아인 순연한 나를 찾는 일이다. 그래서 여행을 마약에 견주어 말하기도 한다.

"여행을 가면 / 가는 곳마다 거기서 / 나는 사라졌느니 / 얼마나 많은 나는 여행지에서 사라졌느냐 / 거기 풍경과 마약 / 집들과 골목의 마약 / 그 낯선 시간과 공간 / 그 모든 처음의 마약에 취해 / 나는 사라졌느냐 / 얼마나 많은 나는 / 그 사랑 속으로 / 사라졌느냐."(정현종,

「여행의 마약」)처럼 여행은 생애의 진폭을 깊이 넓혀 준다.

화자는 〈다뉴브 강의 푸른 물결처럼 / 기적을 이루며 살아온 민족〉「뿌리」에서 고난과 역경을 이겨낸 우리의 처지를 떠올린다.

시인이 살아간다는 것은 세계와 자연을 내면화 하여 하늘의 소리와 산과 모래알 속의 강, 바다의 숨결을 듣는 것이다. 또한 시인이 생을 사랑한다는 것은 머리 위의 별들을 젖은 눈시울로 바라보는 것이며, 바람에 흔들리고, 그 바람을 흔드는 빈 들녘의 풀잎이나 새, 언덕의 나무와 가까워지는 일과 다르지 않다.

정경완 시인의 제3시집 『천사의 눈물』 행간 속에는 농경적 상상력에 기반을 둔 생의 전면적 진실이 담겨 있다. 아픈 것들, 작고 연약한 것들, 가려지고 그늘진 것들, 움츠린 것들을 일으켜 세워 가슴에 품고 있으며 서정적 감각과 미적 정서가 깊고 넓게 스며들어 넉넉하고 따뜻하다.

천사의 눈물

지은이 정경완

—

인쇄일 2014년 7월 25일

발행일 2014년 8월 01일

—

펴낸이 박철수

펴낸곳 도서출판 해암

—

등록번호 제325-2001-000007호

주소 부산시 중구 백산길 17 삼성빌딩 702호

전화 051)254-2260, 2261

팩스 051)246-1895

전자우편 haeambook@hanmail.net

—

값 10,000원

ISBN 978-89-6649-053-0 03810

부산문화재단
BUSAN CULTURAL FOUNDATION

*본 도서는 2014년 부산문화재단 지역문화예술육성지원사업의 일부지원으로 제작되었습니다.